... 감을 얻었다면
영감을 주고 싶은 다른 누군가에게도
이 책을 선물해주세요.

To.
~~~~~~~~~~~~~~~~~~~~~~~~~

From.
~~~~~~~~~~~~~~~~~~~~~~~~~

왜 함께 일하는가

'일 잘하는 사람'에서 '영감을 주는 사람'으로

# 왜
## 함께
## 일하는가
*Together is Better*

사이먼 사이넥 지음 ‖ 이선 앨드리지 그림 ‖ 홍승원 옮김

살림

## ○ 시작하기 전에

영감을 얻으면 기분이 좋다. 특히 자신이 하는 일에서 영감을 얻으면 정말 신난다. 이것이 내가 그리는 비전의 핵심이다.

아침마다 잠에서 깨면 기대에 차 직장에 갈 수 있는 세상, 직장에 가서는 안정감을 가지고 일할 수 있는 세상, 하루를 마치고서는 성취감을 느끼며 집으로 돌아올 수 있는 세상을 만드는 것 말이다.

그런 세상을 만드는 건 쉽지도 않을뿐더러 한두 해 만에 이뤄질 일도 아니다. 다만 우리가 함께 공통의 비전을 위해 각자의 역할에 힘쓴다면 우리가 꿈꾸는 세상을 이룰 수 있다.

나는 바로 그 여정을 이 책에 담아내고 싶었다.

이것은 평범한 동네에서 살아가는 세 친구의 이야기다. 특별할 것 없는 그냥 평범한 동네. 세 친구가 가는 놀이터에도 행복한 순간들은 있다. 하지만 그들은 여느 아이들과 마찬가지로 '골목대장'의 그늘 아래 있다. 골목대장은 자기 자신과 자신의 입지밖에 신경 쓰지 않는다. 다른 아이들은 그가 두려워 여럿이 뭉쳐 지낸다. 홀로 떨어졌다가 괜히 눈에 띌 수도 있기 때문이다.

이 이야기는 우리 모두의 이야기일 수 있다.

놀이터는 우리가 일하는 회사, 특히 근무 환경이 좋지 못한 직장이다. 골목대장은 우리의 사장 혹은 우리가 일하는 회사다. 사람보다 숫자를 더 중요하게 생각하고, 힘으로 으르고 협박으로 다스린다. 어떻게 하면 사람들이 항상 출근하고 싶도록 만들 수 있을지에 대한 개념이나 생각은 아예 없다.

놀이터의 관행은 우리가 매일 직장에서 경험하는 관행이다. 그곳에는 공통의 비전과 신뢰, 협동보다는 험담과 책임 전가, 사리 추구가 만연하다.

놀이터의 아이들이 그렇듯 대부분의 사람들은 그냥 참는다. 누가 직장에 대해 물어오면 괜찮다고 대답한다. 특별히 나쁘지도 좋지도 않다. 그냥 그렇다.

회사를 그만두고 더 나은 삶을 찾는 꿈을 꾸기도 한다. 고지서에 적힌 돈을 내야 한다거나 가족을 부양해야 한다는 이유를 들며 현재의 삶에 애써 만족하기도 한다. 우리가 과연 운명을 바꿀 수 있을까?

이 책의 주인공인 세 친구는 우리를 대변하는 본보기다. 우리는 여태껏 직장 생활을 해오면서 다양한 시점에서 각 친구의 처지를 경험해보았다.

다른 직업이나 더 나은 직장을 꿈꾸는 우리처럼 세 친구도 놀이터를 떠나는 꿈을 꾼다. 그들이 놀이터에서 벗어난다고 하더라도, 즉 우리가 더 나은 뭔가를 찾아 직장을 떠난다고 하더라도 중요한 문제가 하나 남아 있다.

어디로, 어떻게 갈 것인가?

# contents

## 나는 함께 일하고 싶은
## 사람인가

평범한 날이다. 우리의 세 주인공은 각자 할 일을 하고 있다. 여느 때와 다름없이. 어떤 일이, 지금껏 한 번도 일어난 적 없던 어떤 일이 벌어지기 전까지는.

보통 때 같으면 골목대장이 트집을 걸려고 누군가를 찾으면 다른 아이들은 안전하게 멀찍이 피한다. 그런데 오늘은 다르다. 오늘은 누군가 대장 앞에 나서며 그러지 말라고 이야기한다. 이 선택 하나로 세 주인공은 친구가 된다. 그리고 세 사람은 목적을 가지고 뭔가를 한다는 게 무슨 뜻인지, 삶에서 진정한 리더십이란 어떤 것인지 알기 위해, 함께 길을 떠난다.

우리는 대부분 우연에 기대어 흘러가는 대로 살아간다.
그러나 삶에는 목적이 있어야 성취도 있다.

그 일을 '평생 할 게 아니라면'
당신은 지금 왜 그걸 하고 있는가?

리더십이란 누군가를
끌고 가는 게 아니다.
리더십이란
자기를 따르는
누군가를 돌보는 것이다.

"비판을 받지 않는 방법은 딱 한 가지다.
아무것도 하지 말고, 아무 말도 하지 말고,
아무도 되지 않는 것이다."

— 아리스토텔레스

리더십은 신분이나 지위를 누리는 것이 아니다.
리더십은 스스로 섬기고 봉사하는 것이다.

리더가 형편없으면 회사를 위해 일하는 느낌이 들지만
리더가 탁월하면 서로를 위해 일하는 느낌이 든다.

개혁을 시작하려면 무엇에 반대할지 알아야 한다.

지속적인 변화를 만들려면 무엇을 지지할지 알아야 한다.

비전은 꿈과 같다.

행동하지 않으면 사라져버린다.

크든 작든 뭔가를 시도하자.

방황을 멈추고 모험에 나서자.

정말 멋진 아이디어가 있다면
말만 하지 말고 실천에 옮겨라.

천재성은 아이디어를 낳지만
실제 결과는 행동이 낳는다.

## 우리는 함께
## 꿈을 실현한다

다른 곳의 삶이 어떨지 꿈꿔보는 것은 더할 나위 없이 좋은 일이다. 원래 있던 자리를 박차고 새로운 곳으로 떠나려면 용기가 필요하다. 엄청난 미지의 땅으로 가려면 말이다. 하지만 첫발을 내디뎠는데 뭔가 잘못된다면? 애초에 떠나기로 한 것 자체가 잘못된 선택이었다면? 다시 돌아가서 제자리를 지키는 게 제일 나은 선택이라면? 차라리 모르는 악당보다 아는 악당이 더 나을 수도 있다.

아니, 어쩌면 그렇지 않을 수도 있다. 주변에 좋은 사람들이 함께한다면 말이다. 그들은 우리에게 계속 전진할 수 있는 용기를 불어넣어줄 것이다.

언제 시작하는지는 중요하지 않다.
어디서 시작하는지도 중요하지 않다.
중요한 건 '시작하는 것'이다.

심장을 가진들 그 안에 불꽃이 없으면 무슨 소용일까?
깨어나 열정을 한껏 들이켜자.
불을 밝히고 야심 차게 일에 뛰어들자!

경쟁할 때보다 꿈을 좇을 때
더 많은 것을 이룰 수 있다.

'안전'은 길거리나 수영장에서나 쓰는 말이다.
인생에서는 위험을 무릅써야 어디로든 나아갈 수 있다.

훌륭한 리더는 실패하더라도 도전할 기회를 준다.
도전하고 또 도전해서 결국 성공할 기회를 준다.

## 나를 이끄는 것은 무엇인가

여행을 떠나는 방법은 두 가지다. 뭔가에서 멀어지거나 뭔가를 향해 가는 것이다. 하지만 어디로 가야 할지 모를 때는 어떻게 해야 할까? "좋아하는 일을 해라." "열정을 쏟아할 수 있는 일을 해라." 하나같이 좋은 말들이지만 전혀 도움이 안 된다.

어디로 가야 할지 알고 있다면 지금과 같은 기분이 들지 않을 것이다. 게다가 그 질문에 대한 답을 찾다가 평생을 보낼 수도 있다.

그런데 이미 답을 알고 있는 누군가를 만난다면 어떨까? 우리의 세 친구가 곧 만나게 될 사람처럼 말이다.

불만은 우리로 하여금 자리를 털고 일어나게 만드는 강력한 동기다. 하지만 명확한 비전이 있어야 한다. 어디서, 누구에게서 얻은 것이든 비전이 확실해야 더 큰 목표를 향해 여행을 떠날 수 있는 동기부여가 된다.

모르겠다고 큰 소리로 털어놓자.
그러면 길을 아는 누군가가 나서서 도와줄 가능성이 커진다.

혁신가는 자신더러 미쳤다고 말하는 현실을
훌쩍 뛰어넘는 분명한 꿈을 가진 사람이다.

잘될지 안 될지 알 수 있는 가장 좋은 방법은 일단 해보는 것이다.

If the challenge in font design isn't great,
then it's probably not done impressive.

어떤 일도 계획대로만
되지 않는다.
늘 만일에 대비하여 계획을 세워라.

난관에 맞닥뜨렸는데 별로 겁나지 않는다면
그다지 중요하지 않은 난관이다.

생각이 막히면 비판을 듣는다.
이때 마음을 열고
비판을 받아들이면 조언을 얻을 수 있다.

나쁜 리더에게 중요한 것은 '누가 옳은가'다.
좋은 리더에게 중요한 것은 '무엇이 옳은가'다.

불평만 하지 말고 힘을 보태라.

## 믿을 만한 사람과
## 일하고 있나

인생은 어렵고 위험하다. 그 길을 혼자 가는 건 미친 짓
이다. 어려운 일은 친구와 같이하는 법이다. 그러니 인
생 여정이 좌절과 실망, 혼란과 불확실로 가득하다면,
당연히 그 길에 동행할 다른 사람들을 신뢰해야 한다.
혼자서는 아무것도 못한다. 무거운 것도 들지 못하고,
어려운 문제도 풀지 못한다. 하지만 함께라면?
함께할 때 우리는 놀라운 힘을 발휘한다.

나쁜 팀은 같은 공간에서 일할 뿐이다.
좋은 팀은 힘을 모아 서로 도우며 함께 일한다.

한 무리의 사람들이 놀라운 일을 해내는 능력은
그들이 한 팀을 얼마나 잘 이루느냐에 달려 있다.

Anyone who would attempt to do it alone
is simply mad.

혼자서 할 수 없는 일을 할 수 있는 척하지 마라.

함께하는 것이 더 좋다.

팀은 같이 일하는 사람들 이상이다.
팀이란 서로를 신뢰하는 사람들이다.

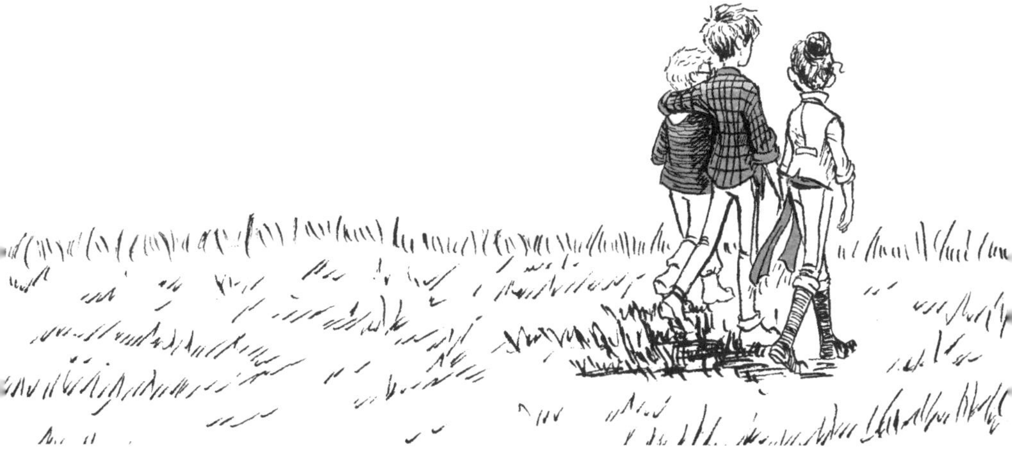

좋은 리더는 자신이 할 수 있는 일뿐 아니라
우리가 할 수 있는 일에 대해 자신감을 심어준다.

성공이란 상상이 현실이
되는 것이다.

짜릿함은 성취에서 생겨나고,
성취감은 목적지에 도달하기까지 겪어온 여정에서 나온다.

## 꿈을 이루기 전엔
## 미처 몰랐던 것들

성공하면, 바라던 것을 찾으면 어떤 일이 생길까? 바로
완벽한 장소에 서게 된다. 안전하다고 느끼는 장소, 서로
를 신뢰한다고 느끼는 장소 말이다. 상상을 초월하는 행
복과 부가 있는 장소다.

그런데 우리가 뒤에 남겨놓고 온 다른 사람들은 어떻게
하나?

가장 어려운 시험은 성공을 향하는 길에 있지 않다.
가장 어려운 시험은 성공을 하고 나서 어떻게 하느냐다.

인생의 가치는 자신을 위해 무엇을 하느냐로 결정되지 않는다.
인생의 가치는 타인을 위해 무엇을 하느냐로 결정된다.

기회는 자기에게 완벽한 회사를 찾는 것이 아니다.
기회는 서로에게 완벽한 회사를 세워가는 것이다.

## 같이하는 삶,
## 가치 있는 성공

리더십은 매일 실천해야 한다. 다른 사람의 삶을 생각하는 일은, 심지어 자신의 이익에 반한다고 하더라도 실천하면 할수록 더 능숙해진다.

리더십은 근육처럼 단련할수록 더 강력해진다. 게다가 우리가 더 강해질수록 주변 사람들도 강해진다.

마법 같은 일은 바로 이때 벌어진다. 개인이 감당하기 불가능한 난관도 팀으로 대응하면 얼마든지 해결할 수 있는 간단한 문제가 된다.

자기 이익을 우선시하는 것은 사치다.
타인의 이익을 우선시하는 것은 명예다.

우리의 노력은
긴 성공으로 향하는 길목에
내딛는 짧은 발걸음이다.

리더십은 배움이다.
최고의 리더는 자신을 교사가 아니라 학생으로 여긴다.

꿈은 성취를 낳지 않는다.
꿈을 향해 가는 여정이 성취를 낳는다.

인생이 아름다운 것은 뭔가를 보거나 뭔가를 해서가 아니다.
인생이 아름다운 것은 우리가 만나는 사람들 때문이다.

진정한 강함은 약함을 인정하는 용기다.

실패는 혼자서도 할 수 있다.

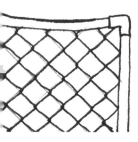

그러나 성공에는 언제나 도움이 뒤따른다.

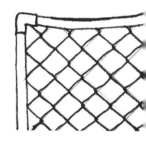

사장이 가진 것은 직함이지만
리더가 가진 것은 사람이다.

Life is beautiful because of the people we meet.

리더의 진정한 가치는
그가 하는 일로 평가할 수 없다.
리더의 진정한 가치는
그가 다른 사람에게
얼마나 영감을 주는지로 평가된다.

일을 하라고 지시하면 직원을 얻는다.
일을 해내리라고 믿으면 리더를 얻는다.

관심 없는 일에 매달리는 것은 스트레스다.
좋아하는 일에 몰두하는 것은 열정이다.

## 혼자 빛나는
## 별은 없다

리더는 다른 사람들이 각자 꿈꾸는 비전을 발견하도록 도울 때 가장 기쁘다.

리더는 자기가 책임지는 사람들이 그들 스스로 생각한 것보다 더 많은 것을 해낼 때 기쁘다.

팀원들이 서로를 챙기고 돌보는 모습, 해결할 수 없던 문제를 힘을 합쳐 풀어내는 모습을 볼 때 기쁘다.

리더가 된다는 건 바로 이런 것이다. 그것은 높은 지위에 오르는 여정이 아니라, 자기 주변 사람들이 능력을 발휘할 수 있도록 돕는 여정이다.

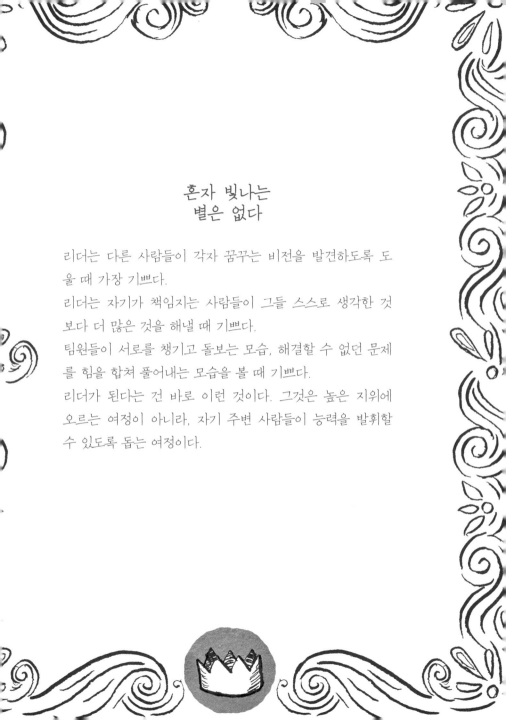

생각은 이해시킬 수 있으나 마음은 얻어야 한다.

스타는 자기가 정상에 오르고 싶어 한다.
리더는 주변 사람들이 스타가 되기를 바란다.

A boss has the title.
A leader has the people.

리더는 사람들에게 영감을 주기 전에
사람들로부터 영감을 받아야 한다.

"빨리 가려면 혼자 가고 멀리 가려면 함께 가라."
— 아프리카 속담

## ○ 조금 더 나눌 이야기

이 책을 쓰면서 이렇게나 간단한 형식으로 영감을 나눌 수 있어서 정말 즐거웠다. 그렇긴 하지만 책을 다 쓰고 보니 문구와 삽화 속에 담긴 미묘한 의미가 잘 전달되지 않는 경우가 몇 가지 있었다. 그래서 우리는 조금 더 이야기를 나눠보기로 했다. 즐거운 시간이 되기를 바란다.

12쪽 | 그 일을 '평생 할 게 아니라면' 당신은 지금 왜 그걸 하고 있는가?

이 책의 첫머리에 등장하는 문구들은 성취는 특권이 아니라 권리라는 내 신념을 담고 있다. 직장에서도 얼마든지 신나고 짜릿한 경험을 할 수 있다는 사실을 잘 모르는 사람이 너무 많은 것 같다. 예를 들어 새로운 고객을 얻는다든지, 승진하거나 보너스를 받는다든지, 목표를 달성할 때, 동료애를 느낄 때, 자기 자신보다 큰 무언가에 기여할 때, 존중받고 가치 있게 여겨지는 느낌을 받을 수 있다.

앞에 내밀어진 손을 반드시 잡아야 할 필요는 없다. 우리는 의견과 선택권, 무엇보다도 견지를 가지고 있다. 직장에서 일하는 시간이 어떤 시간이 되어야 하는지에 대해 목소리를 낼 수 있다. 왜 그 일을 하는지에 대한 확신, 즉 성취의 근간을 이루는 목적과 동기, 혹은 신념을 요구할 수 있다.

13쪽 | 리더십이란 누군가를 끌고 가는 게 아니다. 리더십이란 자기를 따르는 누군가를 돌보는 것이다.

이 말에 숨은 뜻은 없다. 개념은 명확하다. 좋은 책이나 테드 강연, 트위터 피드, 『하버드 비즈니스 리뷰(*Harvard Business Review*)』 기사 등 리더십의 본질에 대한 자료가 그렇게나 많은 이 시대에 단지 자기가 승진했다는 이유만으로 리더가 되었다고 생각하는 사람들이 아직도 많은 게 그저 놀라울 뿐이다.

19쪽 | 개혁을 시작하려면 무엇에 반대할지 알아야 한다. 지속적인 변화를 만들려면 무엇을 지지할지 알아야 한다.

단순히 도망치거나 막연한 변화를 시도하는 것이 아니라 우리가 어디로 가야 하는지 정확하게 아는 것이 중요하다는 점을 강조하고 싶었다. 내가 미국 독립선언을 좋아하는 이유가 바로 이 때문이다. 그 선언은 선언문을 쓴 사람들이 원하는 바를 실천에 옮기기 전에 우선 정확한 방향을 제시했다. 그 안에는 조지 3세(King George)의 통치에 관한 온갖 불만이 적혀 있다. 즉, 왕권이 '모든 인간은 평등하게 태어났다'는 이상향보다 우선할 수 없다는 것을 명확히 한 것이다. 그들은 우리가 반대하는 것보다 지지하는 것을 중요하게 생각했다.

소셜 미디어는 사람들을 모으기 좋은 수단이다. 사람들이 행동에 나서게끔, 그래서 뭔가를 제지하거나 변화를 만들도록 유도할 수 있다. 실제로 더 나은 변화를 일으키기도 한다. 그러나 어떤 일이 벌어지게끔 유도는 할 수 있지만 동기까지 부여할 수는 없다.

사람들은 무언가에 대해 지지할 때보다 반대할 때 더 쉽게 결집한다. 그래서 두려움이나 불쾌함, 부당하다는 느낌에 불을 지피기가 더 쉽다. 그들이 두

려워하거나 그들을 불쾌하게 만드는 것, 부당하다고 느끼는 것은 실제로 존재하기 때문이다.

뭔가를 지지하는 것은 좀 더 추상적일 때가 많다. 선구자들에게는 명확하게 보일지라도 우리 눈에는 막연하거나, 모호하고, 무조건 불가능해 보일 수도 있다. 그 추상적인 미래를 현재의 일처럼 분명하게 보이도록 만드는 것이 선구자의 역할이다. 그러면 우리가 결집해야 할 이유도 분명해진다.

20쪽 | 비전은 꿈과 같다. 행동하지 않으면 사라져버린다. 크든 작든 뭔가를 시도하자. 방황을 멈추고 모험에 나서자.

내가 좋아하는 그림이다. 벽에도 걸어놓았다. 내 앞에 장애물이 나타났을 때 그것에 집중하기보다는 건너가거나 돌아가는 방법을 찾는 재미를 떠올리게 한다. 벽 너머에 무엇이 있을지 상상하든, 가만히 서서 벽을 바라보든 선택은 우리 몫이다.

33쪽 | 경쟁할 때보다 꿈을 좇을 때 더 많은 것을 이룰 수 있다.

내부 정치만 있는 회사와 목적과 대의를 가진 회사는 다르다. 정치만 있는 회사의 사람들은 자기들끼리 싸운다. 목적이 있는 회사의 사람들은 함께 목적을 위해 싸운다.

경쟁사에 집착하는 회사와 자사의 비전에 집착하는 회사 간에도 똑같은 차이가 있다. 경쟁사가 뭘 하는지에 집착하는 회사는 항상 대응만 하거나 다른 회사를 앞지르려고 기를 쓸 뿐이다. 자사의 비전에 집착하는 회사는 늘 자기 자신을 앞지르기 위해 노력한다. 참고로 '1위 달성'은 비전이라고 할 수 없다.

이런 회사는 어떨 때는 다른 회사들을 앞지를 수도 있고 또 어떨 때는 다른 회사들에 뒤처질 수도 있다는 사실을 이해한다. 기복에 덜 휘둘리면서 장기적인 목표에만 집중한다. 매 전투에서 이기는 것과 전쟁에서 승리하는 것의 차이다. 게다가 전쟁이 언제 끝날지 아무도 모른다. 멀리 볼 줄 아는 회사가 결국에는 경쟁사를 앞지르고 오래간다.

## 39쪽 | 나를 이끄는 것은 무엇인가

나는 비전을 '갖는 것'이 아니라 '찾는 것'이라고 생각한다. 사회에서는 어쩌선지 우리가 모두 비전을 '가져야만' 한다고 주장한다. 크고, 대담하고, 세상을 바꿀 만한, 스티브 잡스(Steve Jobs) 같은 비전 말이다. 비현실적일 뿐 아니라 스티브 잡스가 아닌 대부분의 사람들에게는 상당한 스트레스다.

나는 우리가 모두 비전을 찾아야만 한다고 주장하는 게 더 마음 편하다.

미래를 보는 색다른 감각을 가지고 또 그것을 표현해내는 능력을 갖춘 선구자들은 분명 존재한다. 그들의 비전이 마음에 들면 그것을 따르기로 선택하고 나침반으로 활용할 수 있다.

내가 공감하는 비전을 따르는 것은 나만의 비전을 갖는 것과 똑같이 영감을 준다. 마틴 루서 킹(Martin Luther King Jr.), 간디(Gandhi), 토머스 제퍼슨(Thomas Jefferson), 리처드 브랜슨(Richard Branson), 워런 버핏(Warren Buffett), 일론 머스크(Elon Musk) 모두 자신의 비전을 표현했고 다른 사람들에게 영감을 주었다. 그들을 따르는 사람들은 그들의 제품을 구매하기도 했고, 단체에 가입하기도 했다. 단순히 자극을 받아서 그 비전에 기여하기도 했다. 어떤 경우든 비전을 찾았고 그것을 따르기로 선택한 것이다. 자기가 직접 비전을 만들어내야 할 필요는 없다.

그리고 진짜 좋은 건, 그 비전을 실현하는 사람은 선구자들이 아니라 이런 추종자들이라는 점이다. 추종자들에게 비전이 필요한 것만큼 선구자들은 추종자들이 필요하다.

그러면 당신에게 영감을 주는 사람은 누구인가?

41쪽 | 모르겠다고 큰 소리로 털어놓자. 그러면 길을 아는 누군가가 나서서 도와줄 가능성이 커진다.

내가 살면서 배운 가장 강력한 교훈은 꼭 모든 걸 알아야 하는 건 아니라는 것이다. 그리고 모르는 게 있을 때 아는 척을 하지 않아도 된다는 것이다.

한창 회계를 보고 있을 때나 사업을 운영하던 시절에는 모든 답을 알고 있어야 한다고 생각했다. 문제는 그게 새빨간 거짓말이라는 것이다. 모든 것을 알고 완벽하게 이해하는 사람은 아무도 없다. 내가 어렵게 얻은 교훈이다.

모르거나 이해하지 못했다는 사실을 밝히고 도움을 요청하고 받아들일 용기를 얻자 나의 직장 생활은 180도 바뀌었다. 알고 보니 나를 돕고자 하는 사람들은 언제나 있었다. 어이없게도 단지 그들은 내가 도움이 필요한지 몰랐을 뿐이었다.

50쪽 | 생각이 막히면 비판을 듣는다. 이때 마음을 열고 비판을 받아들이면 조언을 얻을 수 있다.

우리는 누군가에게 좋은 의도로 조언하는데 상대는 비판으로 받아들일 때가 많다. 그럴 때면 우리의 의견을 변호하고 싶은 마음이 든다. 심하면 팽팽한 논쟁이 벌어지기도 한다.

누군가가 우리의 조언을 비판으로 받아들인다면 그 이유는 우리의 전달 방법이 잘못되어 상대의 신경을 거슬렸기 때문일 것이다. 확신이 없거나 민감한 주제가 있었을 수도 있고, 아니면 이미 수도 없이 고쳐보려고 시도해왔기 때문에 애초에 방어적으로 반응한 것일 수도 있다. 이런 일이 생길 때는 상대에게 공감하는 훈련을 할 좋은 기회라고 생각하면 된다. 상대가 반응하는 주제를 이해해볼 기회인 것이다. 그런 후에야 비로소 우리가 하는 말이 조언이 될 수 있다.

76쪽 | 짜릿함은 성취에서 생겨나고, 성취감은 목적지에 도달하기까지 겪어온 여정에서 나온다.

상을 타면 신이 난다. 하지만 지금까지의 과정을 돌아보면서 나를 응원해주고, 도와주고, 믿어준 그 모든 사람을 볼 때 진정한 성취감을 느낄 수 있다.

참 아이러니하다. 우리가 결정적인 순간이 될 거라고 예상했던 순간이 정말 결정적인 경우는 거의 없다. 그보다는 성취하고 나서 뒤를 돌아볼 때 그 과정에서 한 경험들이야말로 결정적인 순간들이라는 것을 깨닫게 된다. 그 과정에서 얻게 된 교훈들이 가장 중요하다.

다시 한 번 강조하자면 직장에서는 승리, 목표 달성, 승진 등을 통해 재미를 발견할 수 있다. 그때 도파민이 나오기 때문이다. 하지만 옥시토신으로 충만한, 평생의 기쁨이 되는 진정한 성취감은 여러 장애물에 맞서 함께 싸우면서 돈독한 관계를 쌓고 마침내 승리했을 때, 느낄 수 있다.

83쪽 | 인생의 가치는 자신을 위해 무엇을 하느냐로 결정되지 않는다. 인생의 가치는 타인을 위해 무엇을 하느냐로 결정된다.

우리는 죽은 뒤에 무엇으로 평가받을 수 있을까? 우리가 죽는 날 은행 잔고로? 아니면 살면서 받아온 이메일의 수? 헬스장 출석 일수? 우리가 키워낸 아이들의 인성이나 우리가 지도한 사람들, 혹은 우리가 주변 사람들의 삶에 미친 영향?

어떤 유산을 남기고 싶은지 생각해보고 그에 합당하게 살자.

84쪽 | 기회는 자기에게 완벽한 회사를 찾는 것이 아니다. 기회는 서로에게 완벽한 회사를 세워가는 것이다.

서점에 가면 '자기계발' 코너는 있지만 '타인계발'이라는 코너는 없다. 그런데 아이러니하게도 성공과 기쁨은 사실 다른 사람을 도울 때 느낀다.

"어떻게 하면 5킬로그램을 감량할 수 있을까?"가 아니라 "어떻게 하면 내 친구가 건강하도록 도울 수 있을까?"를 생각하고, "어떻게 하면 꿈의 직장을 찾을 수 있을까?"가 아니라 "소중한 사람이 자신의 꿈을 찾도록 어떻게 도와줄까?" 하고 고민할 때 기쁨을 느낄 수 있다.

우리가 삶에서 마주하는 문제들을 더 효율적으로 해결하는 방법은 혼자서 이기적으로 내달리는 것이 아니라 같은 문제를 가진 다른 사람들을 돕는 것이다. 이 방법은 단기적이고 이기적인 목표를 좀 더 위대하고 장기적이며 훨씬 고귀한 목표로 바꿔주기까지 한다. 직장 일이 마음에 들지 않을 때 사표를 내는 것만이 유일한 해결책은 아니다. 동료들이 기쁘게 출근할 수 있도록 헌신하는 방법도 있다. 그러면 우리는 동료가 천직을 찾는 일에 기여하게 된다. 이런 행동은 동료들뿐만 아니라 우리가 일에 대해 가지고 있는 생각까지도 바꿔준다. 이런 섬김의 행위를 리더십이라고 한다.

90쪽 | 우리의 노력은 긴 성공으로 향하는 길목에 내딛는 짧은 발걸음이다.

한 중국인 농부에 대한 옛날이야기가 있다. 어느 날 그가 기르던 말이 들밖으로 달아났다. 마을 사람들이 운이 나빴다며 위로하자 그가 말했다. "운이 나쁜 건지 좋은 건지 누가 알겠어요?" 얼마 후, 농부의 말이 야생마를 잔뜩 몰고 돌아왔다. 마을 사람들이 운이 좋았다며 축하하자 그는 말했다. "운이 좋은 건지 나쁜 건지 누가 알겠어요?"

농부의 아들이 야생마들을 길들이다가 말에서 떨어져 다리가 부러졌다. 마을 사람들이 운이 나빴다며 위로하자 농부가 말했다. "운이 나쁜 건지 좋은 건지 누가 알겠어요?" 아들의 다리가 낫는 중에 마을에 군대가 들이닥치더니 전장에 나갈 수 있는 젊은이들을 모두 징집해갔다. 농부의 아들은 징병되지 않았기 때문에 마을 사람들은 운이 좋았다며 농부를 축하했다. 그는 말했다. "운이 좋은 건지 나쁜 건지 누가 알겠어요?"

인생은 단막극이 아니다. 끝까지 틀어봐야 아는 한 편의 영화와도 같다. 앞으로 무슨 일이 일어날지 모른다는 것이 우리의 유일한 도전이자 기회다.

93쪽 | 리더십은 배움이다. 최고의 리더는 자신을 교사가 아니라 학생으로 여긴다.

새로운 아이디어나 견지를 제시하는데 이런 말을 반복적으로 듣게 될 때가 있다.

"내가 자네보다 이 일을 훨씬 오래 했어. 내 일은 내가 잘 아는 것 같네만."

그땐 도망쳐라! 거기서 벗어나라!

99쪽 | 진정한 강함은 약함을 인정하는 용기다.

약하다는 것은 자주 울거나 소심하게 행동하는 것이 아니다. 약하다는 것은 뭔가를 모른다거나 실수했다는 사실을 인정하고 도움을 구하는 것이다. 이런 단순한 표현이 우리를 약하게 만드는 이유는 그로 인해 비판과 굴욕을 당하거나 혹은 공격을 받기 때문이다. 그러나 만약 안전하다고 느낄 수 있는 조직 문화에서라면 약함을 표현하는 것이야말로 유대감을 느낄 수 있는 가장 강력한 방법이다. 약함을 인정하면 주변 사람들이 우리를 사랑하고 든든하게 지탱해준다는 것을 느낄 수 있고, 배움과 성장에 몸을 맡길 수 있다. 게다가 다른 사람의 도움을 받을 수 있다. 결국 성공의 가능성이 더 커진다. 중요한 건 누구보다 먼저 자신의 약함을 표현하는 용기를 가지는 것이다. 그리고 이를 통해 주변 사람들에게 영감을 주고 각자가 자신의 약함을 인정할 수 있는 모험을 하게 만드는 것이다. 그러면 그들을 지지해줄 수 있는 팀이 결성되고 조직 전체가 튼튼해진다.

아이러니하게도 거짓말하고 숨고 아닌 척하는 것은 겉으로는 팀을 강하게 보이도록 만들 수 있으나 궁극적으로 분위기 전체를 잠식한다. 조직 내의 모든 팀을 더 강하고 더 유능하게 만드는 것은 사실 약함을 인정하는 용기다.

107쪽 | 일을 하라고 지시하면 직원을 얻는다. 일을 해내리라고 믿으면 리더를 얻는다.

리더가 되기 위해서는 반드시 어떤 변화를 겪어야 한다. 변화를 빨리 겪는 사람들도 있고 느리게 겪는 사람들도 있다. 안타깝게도 아무 변화도 겪지 않는 사람도 있다.

신입의 유일한 과제는 맡은 업무에 능숙해지는 것이다. 회사는 신입 사원들이 과업을 잘 수행할 수 있도록 소프트웨어 사용법, 영업, 프레젠테이션 방법 등 다양한 훈련을 시킨다. 회계사나 엔지니어 같은 경우에는 업무 능력을 한층 더 발전시킬 수 있도록 대학원에 보내기도 한다. 그러다 맡은 일을 잘하게 되면 승진을 시킨다. 그리고 맡은 일을 더 잘하면 결국에는 본인이 하던 일을 하는 사람들을 책임지는 위치에까지 승진시킨다. 다만 그 책임을 지는 방법까지 가르쳐주는 회사는 거의 없다.

사람을 이끄는 방법을 가르쳐주는 회사를 찾기란 하늘의 별 따기다. 그냥 기계가 어떻게 작동하는지 보여주지도 않은 채 사람을 기계에 앉혀놓고 결과물을 요구하는 꼴이다.

그래서 회사에 리더는 없고 관리자만 많다. 애초에 누군가가 승진을 한 이유는 그 일을 우리보다 정말 잘하기 때문이다. 물론 그들은 우리에게 일을 어떻게 '해야 하는지' 말해줄 것이다. 하지만 우리를 이끄는 것이 아니라 관리할 뿐이다. 이끄는 법을 배운 적이 없기 때문이다.

이것은 리더십의 위치까지 승진할 때 배워야 할 가장 어려운 교훈 중 하나다. 리더는 일이 아니라 일을 하는 사람들을 책임지는 자리다. CEO는 고객을 책임지지 않는다. CEO는 고객을 책임지는 사람들을 책임진다. 이 역할만 제대로 하면 고용인과 고객 모두에게 좋다.

리더는 힘든 일이다. 리더로서의 역할이 힘든 게 아니라 내려놓는 법을 배우는 게 힘들다. 사람들을 훈련시키고, 지도하고, 믿어주고, 신뢰하는 게 어렵다. 리더십은 사람과 사람 사이에 벌어지는 활동이다. 리더십은 보통의 업무와 달리 근무 시간 이후에도 지속된다.

117쪽 | 리더는 사람들에게 영감을 주기 전에 사람들로부터 영감을 받아야 한다.

리더는 부모가 되는 것과도 같다. 누구나 부모가 될 수 있지만 모두가 부모가 되길 원하는 것은 아니며 아무나 부모가 되어서도 안 된다.

단순히 부모가 되었다고 양육의 기쁨이 생기는 것은 아니다. 자녀가 부모를 기쁘게 만들려고 행동할 때 부모는 그 모습을 지켜보며 기뻐한다. 다섯 살배기가 네 살배기 동생한테 양보할 때, 아이들의 학예회나 졸업식에 참여할 때나 아이들이 재미있는 말을 할 때, 또는 처음으로 이성 친구를 사귈 때 기쁨을 느낀다.

리더도 똑같다. 리더는 자기 팀의 누군가가 생각보다 많은 것을 성취해낼 때 기쁨을 느낀다. 팀이 협력해서 불가능한 문제를 풀어낼 때, 팀이 끈끈한 신뢰와 유대를 형성해서 서로를 돕기 위해 무엇이든 하려고 할 때 보람을 느낀다.

자기 사람이 발휘하는 놀라움으로부터 영감을 받을수록 그들에게 더 많은 영감을 줄 수 있다.

# "함께하는 것이 더 좋다(Together is Better)"

델라 푸마도어(Dela Fumador) 작사
알로에 블락(Aloe Blacc) 작곡

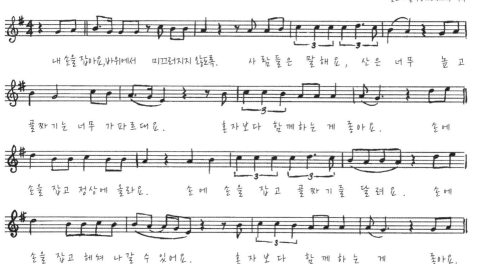

내 손을 잡아요, 바위에서 미끄러지지 않도록. 사 람 들 은 말 해 요, 산 은 너 무 높 고

골 짜 기 는 너 무 가 파 르 데 요. 혼 자 보 다 함 께 하 는 게 좋 아 요. 손 에

손 을 잡 고 정 상 에 올 라 요. 손 에 손 을 잡 고 골 짜 기 를 달 려 요. 손 에

손 을 잡 고 헤 쳐 나 갈 수 있 어 요. 혼 자 보 다 함 께 하 는 게 좋 아 요.

AloeBlacc.com/togetherisbetter에서
이 책에 딱 맞는 이 노래를 들어보자.

아무리 좋은 생각인들 생각에만 머무르면 소용없다.
시도하라. 실험하라. 반복하라. 실패하라. 다시 시도하라.
세상을 바꿔라.